Nombres de animales bebé

Bobbie Kalman

 Crabtree Publishing Company
www.crabtreebooks.com

Creado por Bobbie Kalman

Autor y Jefe editorial
Bobbie Kalman

Consultores pedagógicos
Reagan Miller
Elaine Hurst
Joan King

Editores
Joan King
Reagan Miller
Kathy Middleton

Revisor
Crystal Sikkens

Diseño
Bobbie Kalman
Katherine Berti

Investigación fotográfica
Bobbie Kalman

Coordinador de producción
Katherine Berti

Técnico de preimpresión
Katherine Berti

Fotografías
BigStockPhoto: pág. 10
Otras fotografías por Shutterstock

Library and Archives Canada Cataloguing in Publication

Kalman, Bobbie, 1947-
    Nombres de animales bebé / Bobbie Kalman.

(Mi mundo)
Translation of: Baby animal names.
Issued also in an electronic format.
ISBN 978-0-7787-8555-2 (bound).--ISBN 978-0-7787-8581-1 (pbk.)

    1. Animals--Infancy--Juvenile literature. 2. Animals--Nomenclature
(Popular)--Juvenile literature. I. Title. II. Series: Mi mundo(St. Catharines, Ont.)

QL763.K3418 2011   j591.3'9   C2010-904154-2

Library of Congress Cataloging-in-Publication Data

Kalman, Bobbie.
    [Baby animal names. Spanish]
    Nombres de animales bebé / Bobbie Kalman.
       p. cm. -- (Mi mundo)
    ISBN 978-0-7787-8581-1 (pbk. : alk. paper) -- ISBN 978-0-7787-8555-2 (reinforced
library binding : alk. paper) -- ISBN 978-1-4271-9576-0 (electronic)
    1. Animals--Infancy--Juvenile literature. 2. Animals--Terminology--Juvenile
literature. I. Title. II. Series.

QL763.K35518 2010
591.3'9--dc22
                                                                              2010024653

Crabtree Publishing Company

www.crabtreebooks.com   1-800-387-7650

Impreso en Estados Unidos/082016/CG20160706

Publicado en Canadá
Crabtree Publishing
616 Welland Ave.
St. Catharines, Ontario
L2M 5V6

Publicado en los Estados Unidos
Crabtree Publishing
PMB 59051
350 Fifth Avenue, 59th Floor
New York, New York 10118

Publicado en el Reino Unido
Crabtree Publishing
Maritime House
Basin Road North, Hove
BN41 1WR

Publicado en Australia
Crabtree Publishing
3 Charles Street
Coburg North
VIC, 3058

Palabras que debo saber

osezno

cachorro de zorro o cría

cabrito

cría de koala

crías de mapaches

lobato

A los niños se les llama **chicos**.

Las **cabras** bebé se llaman cabritos.

Los **gatos** bebé se llaman **gatitos**.

¿Sabías que los **mapaches** bebé se llaman también crías?

Un **perro** bebé se llama **cachorro**.

¿Sabías que un **zorro** bebé
se llama **cachorro** o **cría**?

¿Sabías que un **lobo** bebé se llama cachorro o **lobato**?

¿Sabías que un **oso** bebé se llama también osezno?

Un **canguro** bebé se llama **cría**.
La cría vive en el **marsupio** de
su madre.

marsupio

¿Sabías que un **koala** bebé
se llama cría también?
El koala bebé también vive
en el marsupio de su madre.

Actividad

¿Cuántos nombres de animales bebé conoces?

Un conejo bebé se llama **gazapo**.

Un caballo bebé se llama **potrillo**.

Una oveja
bebé se
llama **cordero**.

Un ciervo
bebé se
llama **cervato**.

Una jirafa
bebé se
llama **becerro**.

Notas para los adultos

¿Qué dice un nombre?
Nombres de animales bebé ayuda a los niños a aprender los nombres de los animales y como se llaman cuando son bebés. Pregúnteles a los niños si piensan que los perros bebé son como los zorros bebé y si los canguros se parecen a los koalas, ya que comparten los mismos nombres de bebé. Haga una lista de los apodos que los niños tenían cuando eran bebés.

Emparejar animales
Cree un juego de emparejar animales para reforzar el vocabulario nuevo sobre los animales y la memoria. Haga un juego de tarjetas con figuras que muestren los animales bebé del libro. En un juego adicional de tarjetas escriba el nombre de los animales bebé (cría, cachorro, lobato, potrillo, cabrito). Coloque las tarjetas boca abajo en el suelo. Pida a los estudiantes que se turnen y volteen dos tarjetas para formar cuantas parejas puedan.